Stefan Wachholz

Management-Überblick über relevante Standards zum Thema funktionsbezogene und integrierte Anwendungssysteme

GRIN Verlag

Bibliografische Information der Deutschen Nationalbibliothek:

Die Deutsche Bibliothek verzeichnet diese Publikation in der Deutschen National-
bibliografie; detaillierte bibliografische Daten sind im Internet über http://dnb.d-
nb.de/ abrufbar.

Impressum:

Copyright © 2011 GRIN Verlag GmbH
Druck und Bindung: Books on Demand GmbH, Norderstedt Germany
ISBN: 978-3-656-33795-9

Dieses Buch bei GRIN:

http://www.grin.com/de/e-book/206602/management-ueberblick-ueber-relevante-
standards-zum-thema-funktionsbezogene

GRIN - Your knowledge has value

Der GRIN Verlag publiziert seit 1998 wissenschaftliche Arbeiten von Studenten, Hochschullehrern und anderen Akademikern als eBook und gedrucktes Buch. Die Verlagswebsite www.grin.com ist die ideale Plattform zur Veröffentlichung von Hausarbeiten, Abschlussarbeiten, wissenschaftlichen Aufsätzen, Dissertationen und Fachbüchern.

Besuchen Sie uns im Internet:

http://www.grin.com/

http://www.facebook.com/grincom

http://www.twitter.com/grin_com

Stefan Wachholz

Studiengang: Wirtschaftsinformatik / Aufbaustudiengang

Assignment

Stuttgart am 30.07.2011

<u>Thema:</u>

**Management-Überblick über relevante Standards zum Thema funktions-
bezogene und integrierte Anwendungssysteme**

Inhaltsverzeichnis

Abbildungsverzeichnis

Abkürzungsverzeichnis

SCM	-	Supply Chain Management
LAP	-	Liberty Alliance Project
OASIS	-	Organization of the Advancement for Structured Information Standards
UN/CEFACT	-	United Nation Center for Trade Facilitation and Electronic Business
W3C	-	World Wide Web Consortium
WWW	-	World Wide Web
SOA	-	Service Oriented Architecture
ebXML	-	electronic business eXtensible Markup Language
BPEL	-	Business Process Execution Language
XACML	-	eXtensible Access Control Markup Language
SPML	-	Service Provisioning Markup Language
EDI	-	Electronic Data Interchange
EDIFACT	-	Electronic Data Interchange for Administration, Commerce and Transport
XML	-	eXtensible Markup Language
BPML	-	Business Process Modeling Language
HTML	-	Hyper Text Markup Language
DTD	-	Document Type Definition
KMU	-	Kleine und Mittlere Unternehmen
BPML	-	Business Process Modeling Language
WSDL	-	Web Service Definition Language
UDDI	-	Universal Description, Discovery and Integration
SOAP	-	Simple Object Access Protocol
BTP	-	Business Transaction Protocol

TCP - Transmission Control Protocol

UDP - User Datagram Protocol

B2B - Business to Business

1 Einführung

In diesem Kapitel wird, im Anschluss an die Darlegung der Gründe für das Thema, der Aufbau der Arbeit dargestellt.

1.1 Motivation

Durch den stetigen Aufstieg der SPEEDSTEEL AG mit ihren derzeit 80 Betriebsstätten in über 10 Länder ist es von entscheidender Bedeutung, wie die AG ihr Extranet aufbaut, welches ERP-System genutzt und welche zusätzliche Software verwendet wird. Um diese Entscheidungen treffen zu können ist ein Überblick nötig, welche Standards verwendet werden sollen. Zum Einen um den Datenaustausch zwischen den Betriebsstätten zu gewährleisten und zum Anderen mit den Geschäftspartnern und Kunden auf dem internationalen Markt kommunizieren zu können und sich ggf. in deren Supply Chain Management (SCM) zu integrieren.

1.2 Aufbau der Arbeit

In dieser Arbeit soll ein Überblick der gängigen Standards zur Datenübertragung und -austausch gegeben werden. Dazu werden im 2.Kapitel, nach der Klärung was ein Standard ist, einige Organisationen vorgestellt, die erheblich für die Standardisierung Verantwortlich sind sowie Beiträge dazu leisten. Im 3. Kapitel werden einige gängige Standards vorgestellt sowie deren Bedeutung erläutert. Im 4. und letzten Kapitel wird eine Zusammenfassung und Beurteilung des Themas in Bezug auf die SPEEDSTEEL AG erstellt. In Abbildung 1 wird der Ablauf der Arbeit grafisch dargestellt.

Abbildung 1:   Untersuchungsablauf

2 Organisationen und Konsortien

Im ersten Kapitel dieser Arbeit werden nach einer Definition eines Standards die Organisationen und Konsortien vorgestellt, die maßgeblich an der Entstehung und Entwicklung von Standards beteiligt sind.

2.1 Entwicklung und Entstehung von Standards

Unter einem Standard wird eine von Herstellern und Nutzern verbindliche und akzeptierte Vereinheitlichung von Produkten verstanden. Dabei kann es sich um Verfahren, Schnittstellen, Formate, Methoden usw. halten. Standards sind an kein Fachgebiet gebunden sondern treten in allen Bereichen auf. Jedoch wird sich meist auf den technischen Bereich bezogen, wenn man von einem Standard spricht.

Dabei ergeben sich drei verschiedene Standardmodelle, die unterschieden werden können in

- Proprietärer,
- Industrie- und
- offener Standard.

2.1.1 Proprietärer Standard

Proprietär kommt aus dem Lateinischen und bedeutet Besitz. D. h., dass ein proprietärer Standard im Besitz eines oder mehrerer Unternehmen oder Organisationen ist. Diese können wiederum entscheiden, wer und was den Standard verwenden darf.

2.1.2 Industriestandard

Man spricht von einem Industriestandard, wenn mehrere Unternehmen oder Hersteller gemeinsam einen Standard verwenden.

2.1.3 Offener Standard

Ein Standard gilt als offen, wenn er folgende Kriterien aufweist:[1]

- öffentliche Nutzung und Bewertung ohne Barrieren und für alle auf die gleiche Weise zugänglich,
- unabhängig von anderen Formaten oder Standards, die nicht als offen gelten,
- frei von Einschränkungen auf technischer und rechtlicher Seite, die es untersagen den Standard auf gewisse Geschäftsmodelle anzuwenden,
- unabhängig von Einem oder Mehreren weiter entwickelt wird und es jedem offen steht sich daran zu beteiligen.

2.2 Bindung an Standards

Die Orientierung der Hard- und Software an Standards dient vor allem der Erhaltung von möglichst vielen Freiheitsgraden bei zukünftigen Entscheidungen.[2] Wer sich zu sehr an einzelne Marktführer bindet kann unter Umständen nicht flexibel genug auf Veränderungen oder Neuentwicklungen reagieren, da meist der Marktführer den zu verwendenden Standard bestimmt.

2.3 World Wide Web Consortium (W3C)

Das W3C ist ein Internationales Konsortium, welches mit Hilfe von Organisationen und der Öffentlichkeit daran arbeitet Webstandards zu entwickeln.[3] Ziel ist dabei die vielfältigen Möglichkeiten des Word Wide Web (WWW) zu erschließen, Protokolle und Richtlinien zu entwickeln und das Wachstum des Internets zu sichern.[4] Direktor ist Tim Berners-Lee, der auch als Erfinder des WWW gilt.

---

[1] Vgl. Genfer Erklärung der OpenForumEurope Conference (2008), S.1
[2] Vgl. Hansen, 1996, S.179
[3] http://w3c.de, 10.08.2011
[4] http://w3c.de, 10.08.2011

Zu den Bekanntesten Standards des W3C gehören HTTP, XML, SOAP, CSS, XHTML, HTML5, WSDL.[5]

2.4 Liberty Alliance Project (LAP)

Die Liberty Alliance wurde 2001 von Sun Microsystems gegründet und ist eine Initiative aus 150 Unternehmen, Non-Profit-Organisationen und Behörden aus dem Mobile Commerce und der Sicherheitsindustrie. Ziel dieser Organisation ist es industrieübergreifende Authentisierungs-Plattformen und Standards für die weltweite Transaktionssicherheit im Internet zu entwickeln und der Öffentlichkeit ein Bewusstsein für die Bedürfnisse eines sicheren mobilen Handels zu schaffen.[6]

2.5 Organization of the Advancement for Structured Information Standards (OASIS)

OASIS ist eine internationale non-profit Organisation, die sich mit dem Einsatz von Webservices und E-Business beschäftigt und Standards für Strukturierte Informationen entwickelt. Kerngebiete von OASIS sind die Service Oriented Architecture (SOA), die Entwicklung standardisierter Benutzerschnittstellen für Webservices und das Netzwerkmanagement.[7] Die wichtigsten Projekte von OASIS ist in Zusammenarbeit UN/CEFACT ebXML, OpenDocument, DocBook, BPEL, XACML und SPML. In dieser Arbeit wird nur die Auszeichnungssprache ebXML in Kapitel 3 betrachtet.

---

[5] http://www.w3.org, 10.08.2011

[6] http://de.wikipedia.org/wiki/Liberty_Alliance_Project, 11.08.2011

[7] http://www.itwissen.info/definition/lexikon/organization-for-the-advancement-of-structured-information-standards-OASIS.html, 11.08.2011

2.6 United Nations Center for Trade Facilitation and Electronic Business (UN/CEFACT)

Das Zentrum für Handelserleichterungen und elektronische Geschäftsprozesse unterstützt Aktivitäten für die Verbesserung des Handels, des Geschäftsverkehrs und von Verwaltungsorganisationen in Industrie- als auch in Entwicklungsländern, um Produkte und Dienstleistungen effektiv auszutauschen. Schwerpunkt ist die Vereinfachung internationaler Transaktionen und damit ein Teil der zum weltweiten Handelswachstum beitragen soll.[8]

---

[8] http://www.ebxml.eu.org/Deutsch/UN-CEFACT.htm

3 Gängige Standards zum betrieblichen Datenaustausch

In diesem Kapitel soll ein Überblick über die gängigen Standards geschaffen werden, die von der SPEEDSTEEL AG berücksichtigt werden müssen bzw. für die sich die SPEEDSTEEL AG entscheiden muss, um auch in Zukunft international marktfähig zu bleiben und aber auch um eine gewisse Flexibilität zu wahren. SPEEDSTEEL ist mit seiner Größe und seinem internationalen Auftritt darauf angewiesen Standards zu verwenden, die auf allen Kontinenten vertreten und weitestgehend akzeptiert sind. Nur so besteht die Möglichkeit einen professionellen Datenaustausch zwischen allen Betriebsstätten und Unternehmen weltweit zu gewährleisten.

3.1 Electronic Data Interchange (EDI)

Der elektronische Handel ist keine neue Erfindung, sondern Unternehmen wie General-Electric und Hewlett-Packard (HP) benutzten bereits in den 80er Jahren so genannte Electronic Data Interchanges (EDIs).[9] EDI ist kein Standard sondern steht ganz allgemein für den elektronischen Datenaustausch. Mit EDI soll das Ziel verfolgt werden Medienbrüche zu vermeiden und durch einen automatisierten zwischenbetrieblichen Datenaustausch zu ersetzen.[10] „Dies kann nur durch eine Strukturierung der zu übermittelnden Daten erreicht werden, sodass diese von Anwendungssystemen interpretiert werden können. Unterschiedliche Anwendungssysteme können so ohne menschlichen Eingriff interagieren."[11] Für SPEEDSTEEL bedeutet dies, dass ein möglichst medienbruchfreier Austausch von Daten zwischen Lieferanten, SPEEDSTEEL und seinen Kunden stattfinden muss.

---

[9] Vgl. Vulkan, 2005, S.22
[10] Vgl. Turowski, Zaha, Pflügler, 2010, S.16
[11] Turowski, Zaha, Pflügler, 2010, S.16

3.2 Electronic Data Interchange For Administration Commerce and Transport (EDIFACT)

„Der EDIFACT-Standard stellt ein Format für den Austausch von Nachrichten im B2B-Bereich dar. Dabei werden die zu übermittelnden Nutzdaten um Verwaltungsinformationen ergänzt, um die automatische Weiterverarbeitung der Daten zu ermöglichen. Aufgrund der umfangreichen und starren Spezifikation sowie der mit der Einführung des Standards verbundenen hohen Kosten können vor allem kleine und mittlere Unternehmen nicht an einem EDIFACT-Netzwerk teilnehmen."[12] Durch die bereits erreichte Größe der SPEEDSTEEL AG sollte die Eintrittsbarriere der hohen Kosten nicht zum Tragen kommen. Um den automatisierten Ablauf der Daten zu gewährleisten sollte SPEEDSTEEL sich am EDIFACT-Netzwerk beteiligen. Vorteile bestünden in der maschinellen Interpretation und der automatischen Weiterverarbeitung der Daten sowie eine weitverbreitete Standardisierung und die Verfügbarkeit von Software.[13]

3.3 eXtensible Markup Language (XML)

XML ist eine Auszeichnungs- oder Beschreibungssprache wie die Hyper Text Markup Language (HTML). Warum zusätzlich eine neue Auszeichnungssprache für die Beschreibung von Dokumenten benötigt wird liegt daran, dass bei HTML die Tags[14] vordefiniert sind, mit dessen Hilfe deren Darstellung und Inhalt beschrieben wird.[15] Ein Beispiel für die Darstellung einer Auszeichnungssprache gibt Abbildung 2. Die Tags befinden sich bei der Auszeichnung jeweils am Anfang eines Datenbestandes und werden am Ende wieder geschlossen. Jeder Tag darf nur einmal im Dokument vorkommen.

---

[12] Turowski, Zaha, Pflügler, 2010, S.18

[13] Vgl. Turowski, Zaha, Pflügler, 2010, S.63

[14] Mit sogenannten Tags werden Beschreibungen eines Datenbestandes vorgenommen.

[15] Vgl. Born, 2005, S.23

Ohne **Auszeichnung**

```
Charles Goldfarb Paul Prescod John Smith will
John Smith wants to update his will. Another
wife left him. Think on the meeting at 8.00pm
```

Mit **Auszeichnung**

<to>Charles Goldfarb</to>
<from>Paul Prescod</from>
<re>John Smith will</re>
<p>John Smith wants to update his will. Another wife left him.</p>
<ps>Think on the meeting at 8.00pm</ps>

Abbildung 2:   Darstellung Auszeichnungssprache

(Quelle: Turowski, Zaha, Pflügler, 2010, S.21)

Mit XML ist es möglich sogenannte Document Type Definitions (DTD) je nach Anwendungsgebiet frei zu definieren. Also z. B. eine Beschreibungssprache für musikalische Darstellungen oder für mathematische Seiten.[16] „Mit DTDs wird eine formale Grammatik für die Erstellung eines Dokumentes festgelegt. Diese DTDs geben die Struktur eines syntaktisch korrekten Dokumentes vor und können individuellen Zielen entsprechend benannt werden. Da diese DTDs eine Markup-Sprache darstellen, wird XML als Metasprache – also als Sprache für die Definition von Sprachen bezeichnet."[17] XML wird hauptsächlich für den Datenaustausch zwischen Computersystemen vor allem über das Internet genutzt. Für die SPEEDSTEEL AG würde das bedeuten, dass sich die verschiedenen Betriebsstätten bzw. die Computersysteme an den unterschiedlichen Standorten ihre Daten mit Hilfe von XML bearbeiten können.

3.4   electronic business eXtensible Markup Language (ebXML)

ebXML bedeutet Electronic Business unter Nutzung von XML, d. h. XML für elektronische Geschäftsprozesse. ebXML ist eine Initiative von UN/CEFACT

---

[16] Vgl. Becker, Schütte, 2001, S.96
[17] Turowski, Zaha, Pflügler, 2010, S.25

und OASIS mit dem Ziel der Entwicklung eines technischen Rahmens zur Nutzung von XML für elektronische Geschäftsprozesse. Des weiteren eine Senkung der Eintrittsbarrieren für klein- und mittelständische Unternehmen (KMU) und Entwicklungsländer. ebXML ist kein Standard an sich, sondern eine Familie verschiedener Standards von UN/CEFACT und OASIS.[18]

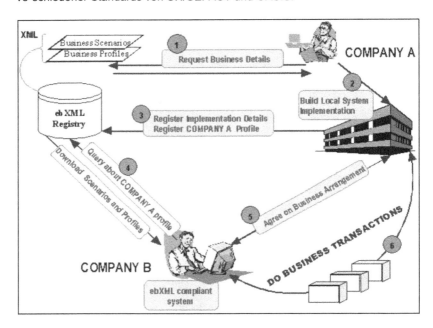

Abbildung 3:   Beispiel für ebXML – Buchen einer Flugreise.

(Quelle: http://www.ebxml.eu.org/the_ebxml_technology.htm)

Beispiel Flugreise buchen:

1. Company A fragt eine ebXML Registry ab, die über das Internet erreichbar ist.

2. Nachdem Company A die ebXML Registry durchsucht hat, entscheidet sie sich eine eigene Applikation (Flugreise buchen) zu entwickeln und zu nutzen.

---

[18] Vgl. http://de.wikipedia.org/wiki/EbXML

10

3. Company A übermittelt anschließend das eigene Geschäftsprofil mit allen Unternehmensfähigkeiten und Geschäftsabläufe zur ebXML Registry.

4. Company B findet die Applikation Flugreise buchen und möchte diese nutzen. Sie sendet daraufhin eine Anfrage an Company A, dass sie einen Geschäftsablauf nutzen will mithilfe von ebXML.

5. Company B erwirbt daraufhin die komplette Applikation für den Geschäftsablauf Flugreise buchen.

6. In diesem Punkt werden die daraus resultierenden Geschäftstransaktionen dargestellt. Company B hat nun die Applikation Flugreise buchen bei sich implementiert.

Für die SPEEDSTEEL AG bedeutet dies, dass einige Dienste oder Programm- und Softwareteile flexibel über ebXML erworben und implementiert werden können. Dies spart Kosten in der Entwicklung eigener Applikationen birgt aber unter Umständen eine geringere Flexibilität in der Ausführung oder Inhalt der Applikation.

3.5   Business Process Modeling Language (BPML)

BPML ist eine Modellierungssprache zur Beschreibung von Geschäftsprozessen. Sie kann aber auch zum Analysieren, Verbessern oder Automatisieren genutzt werden. BPML ist eine auf XML basierte Metasprache deren Geschäftsprozesse von einer Workflowengine interpretiert und ausgeführt werden können.[19] Ein Beispiel dafür gibt Abbildung 4.

---

[19] Vgl. Schiller, Rosenthal, S.7

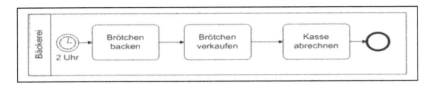

Abbildung 4:   Beispiel für Geschäftsprozess mit BPML modelliert und in
                 BPMN dargestellt

(Quelle: Schiller, Rosenthal, S.7)

Eine Grafische Darstellung der Geschäftsprozesse stellt die Business Process Model Notation (BPMN) zur Verfügung. Sie ist eine grafische Sprache, die mit Hilfe von Symbolen Geschäftsprozesse und Arbeitsabläufe modellieren und dokumentieren kann.[20] Für SPEEDSTEEL bedeutet dies, dass mit Hilfe von BPML Geschäftsprozesse und Arbeitsabläufe modelliert werden können, die anschließend automatisch über eine Workflowengine ausgeführt werden kann. So können einzelne Baugruppen automatisch hergestellt werden, die einen komplexen Arbeitsablauf haben, jedoch ohne menschliches Einwirken ausgeführt werden können.

3.6   Simple Object Access Protocol (SOAP)

Web-Services sind Dienste, die über internetbasierte Protokolle und XML-Nachrichten lokalisiert, veröffentlicht und dynamisch abgerufen werden können. Die drei Hauptstandards von Web-Services sind SOAP für den Dienstaufruf, Universal Description, Discovery and Integration (UDDI) als Verzeichnisdienst und Web Service Description Language (WSDL) als Dienstbeschreibung.[21]

SOAP ist ein recht kompaktes und einfaches Protokoll welches auf XML-basiert. Es dient zum Austausch von geordneten und typbezogenen Informationen die über das Internet bereitgestellt werden. Ziel von SOAP ist es, Protokolle so einfach wie möglich zu halten. Da SOAP über Transportprotokolle (TCP/UDP) übertragen wird, kann es die vorhandene offene Architektur des Internets nutzen und wird von jedem beliebigen Computersystem akzeptiert.

---

[20] Vgl. Schiller, Rosenthal, S.18
[21] Vgl. Hansen, Neumann, 2005, S.803

12

Dabei wird vorausgesetzt, dass das System die grundlegenden Internetstandards unterstützt.[22] Abbildung 5 Zeigt ein Beispiel für die Suche eines Webservices im Zusammenhang mit SOAP, WSDL und UDDI.

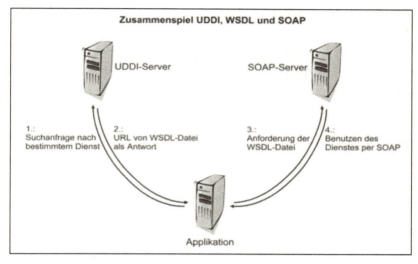

Abbildung 5:   Beispiel für die Suche nach einem Webdienst

(Quelle: http://www.torsten-horn.de/techdocs/soap.htm)

3.7   Universal Description, Discovery and Integration (UDDI)

UDDI ist ein Verzeichnisdienst, in dem Web-Service-Anbieter ihre Web-Service-Beschreibungen verfügbar machen. UDDI sammelt also diese Informationen und bietet sie potenziellen Nachfragern an.[23]

3.8   Web Service Description Language (WSDL)

„WSDL ist eine XML-Basierte Sprache zur Beschreibung von WEB-Services. Diese Beschreibung definiert unter anderem, welche Funktionen von den beschriebenen Webservices bereitgestellt werden und wie ein Klientprogramm

---

[22] Vgl. http://de.wikipedia.org/wiki/SOAP

[23] Vgl. Hansen, Neumann, 2005, S.813

möglichst automatisiert auf die Web-Services zugreifen kann."[24] Ein WSDL-Dokument enthält demnach Informationen über die Schnittstelle, das Zugangsprotokoll sowie alle nötigen Informationen über den Zugriff auf den Service.[25] WSDL wird oft im Zusammenhang mit SOAP und UDDI verwendet.

Die Nutzung von Web-Services mit Hilfe von SOAP, UDDI und WSDL hat für SPEEDSTEEL viele Vorteile. So können vorgefertigte Dienste, die im Internet zur Verfügung stehen global genutzt werden. Damit wären sie für alle Betriebsstätten des Unternehmens verfügbar und müssen nicht kostenintensiv durch eine IT-Abteilung gepflegt und installiert werden. Einfache Dienste könnten so ganz automatisch mit eingebunden werden.

3.9 Business Transaction Protocol (BTP)

BTP ist ein Protokoll für geschäftliche Transaktion, welches von der OASIS entwickelt wurde. Es basiert auf XML und wird für Business to Business (B2B) Anwendungen verwendet, die über das Internet stattfinden. Mit Hilfe eines BTP-Protokolls sollen Anwendungsprogramme auf andere Anwendungen in anderen Netzwerken und Unternehmen zugreifen, um dort Daten ändern und modifizieren zu können. Dadurch können zwischen den Geschäftspartnern komplexe XML-Nachrichten ausgetauscht werden.[26] Abbildung 6 zeigt ein Beispiel über einen komplexen Nachrichtenaustausch. Dabei wird die Buchung eines kompletten Abendprogramms vorgenommen, die zwischen einem Client über einen Transaction Manager und den entsprechenden Services stattfindet.

---

[24] Hansen, Neumann, 2005, S.809

[25] Vgl. http://de.wikipedia.org/wiki/Web_Services_Description_Language

[26] Vgl. http://www.itwissen.info/definition/lexikon/BTP-business-transaction-protocol-BTP-Protokoll.html

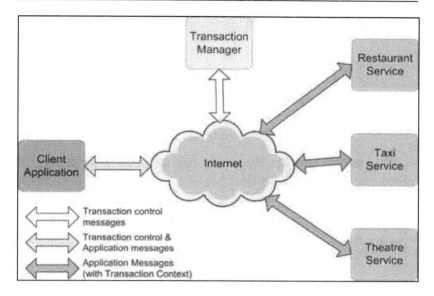

Abbildung 6:   Beispiel für die Buchung eines Abendprogramms

(Quelle: http://flylib.com/books/en/2.87.1.69/1/)

Für die SPEEDSTEEL AG bietet sich damit die Möglichkeit komplexe Nachrichten zwischen den Lieferanten, SPEEDSTEEL und den Kunden zu versenden.

4 Zusammenfassung und Ausblick

Diese Arbeit gibt einen Überblick über relevante Standards zum Thema funktionsbezogene und integrierte Anwendungssysteme. In Bezug auf die SPEEDS-TEEL AG ist festzustellen, dass sie mit den gängigen Standards arbeiten muss, um international kommunizieren zu können, flexibel zu bleiben und um die Möglichkeiten der Vernetzung und zunehmenden Automatisierung zu nutzen.

Die SPEEDSTEEL AG wird mit ihrer Größe und ihrem globalen Auftreten als einer der führenden Unternehmen in der Aufzug-Branche nicht ohne die Verwendung einiger der vorgestellten Standards zukunftsfähig bleiben. Es muss jetzt entschieden werden, welche Enterprice-Resource-Planning (ERP)-Systeme verwendet werden. Daraus lassen sich dann die nötigen Applikationen und Dienste heraus kristallisieren, die ggf. über das Internet genutzt werden können. Des Weiteren sollte das ERP-System mit offenen Standards kompatibel sein um flexibel und unabhängig Datenaustausch betreiben zu können und um sich somit nicht von einzelnen Softwareherstellern abhängig zu machen. Auch Spezial-Software, die für die Herstellung der Produkte verwendet wird sollte mit Standards kompatibel sein, um eine automatisierte Produktion voran zu treiben.

Literaturverzeichnis

Hansen, Hans Robert (1996): Wirtschaftsinformatik I 7. Auflage.

Genfer Erklärung der OpenForumEurope Conference (2008), (PDF, Englisch), unter URL:

http://www.openforumeurope.org/library/geneva/declaration/manifesto-withlogos-final.pdf

letzter Abruf: 10.08.2011.

Turowski, Klaus, Zaha, Johannes M., Pflügler Christoph (2010): Technologie des Web-Business – Zwischenbetriebliche Integration im E-Commerce, AKAD Studienmaterial WEB202.

Vulkan, Nir (2005): Elektronische Märkte, 1. Auflage.

Becker, Ahlert, Schütte, Kenning (2000): Internet & Co. Im Handel, 2. Auflage.

Born, Günther (2005): jetzt lerne ich XML – Der einfache Einstieg in den führenden Dokumenten- und Web-Standard.

Schiller, Max, Rosental, Robert: BPML – Business Process Modeling Language (PPT) unter URL:

http://www.google.de/url?sa=t&source=web&cd=4&ved=0CFsQFjAD&url=http%3A%2F%2Fwi.informatik.unibw-muenchen.de%2FC6%2FC1%2Flectures-applSystems-FT08%2FDocument%2520Library%2Fas-ft08-ueb03%2520BPML.ppt&rct=j&q=bpml&ei=w7tHTqAlze05q77h_AU&usg=AFQjCNHkMYE7olPwn7ZvhFVDoOL5Lo3kAw&cad=rja

letzter Abruf: 14.08.2011.

Hansen, Robert, Neumann Gustaf (2005): Wirtschaftsinformatik 2 - Informationstechnik

VI

Webseitenverzeichnis

W3C (10.08.2011): Das Worl Wide Web Consortium (W3C), unter URL:

http://www.w3c.de

letzter Abruf: 10.08.2011.

Wikipedia – die freie Enzyklopädie (11.08.2011), unter URL:

http://de.wikipedia.org/wiki/Wikipedia:Hauptseite

letzter Abruf: 11.08.2011.

IT-Wissen Das Große Lexikon für Informationstechnologie (11.08.2011), unter URL:

http://www.itwissen.info

letz er Abruf: 14.08.2011.

Europäisches ebXML-Informationszentrum (11.08.2011), unter URL:

http://www.ebxml.eu.org/

letzter Abruf: 11.08.2011.